JOSÉ MARÍA CANCER

Sienta a Esopo en tu consejo

Sabiduría de las fábulas
para dirigir empresas

ℐ

ALMUZARA

Editorial Almuzara • Manuales de Economía y Empresa

Director editorial: Antonio E. Cuesta López
Editora: Ángeles López
Ilustraciones: Alba Porta Puy
Diseño y maquetación: Joaquín Treviño
www.editorialalmuzara.com
pedidos@almuzaralibros.com - info@almuzaralibros.com

Imprime: Lince Artes Gráficas

ISBN: 978-84-18709-32-6
Depósito Legal: CO-334-2021
Hecho e impreso en España - *Made and printed in Spain*

A Toya, que me ha acompañado por medio mundo en mi periplo profesional, siempre con una sonrisa en la boca, siempre con una palabra de aliento, tanto en los momentos de abundancia como en los de dificultades.

A mis hijos, con los que he soñado inventos imposibles y compartido tantas historias a la hora de cenar.

A mi socio Isaac, que me sacó de mi zona de confort y me demostró qué aún podía aprender muy rápido y qué aún tenía una gran agilidad, pasados los cuarenta.

A nuestros jóvenes ingenieros, que me hicieron rejuvenecer veinte años para poder estar a su altura.

A Jaime, nuestro socio inversor. Sufrió lo mismo, pero no se divirtió cada día en el trabajo.

Prólogo

Un libro escrito en primera persona en el que José María nos acerca su experiencia personal como emprendedor, sus aprendizajes, aciertos y errores a partir de fábulas conocidas por todos. La estructura del libro y el contenido de cada capítulo hacen que la lectura sea agradable y los mensajes lleguen de manera sencilla al lector.

JUAN ALFARO GRANDE
Expresidente de RENFE

Desde la experiencia y la ilusión conjugadas con nuestras tradicionales fábulas, José María ha conseguido relatar la experiencia *fabulosa* de crear una empresa. Me siento identificado en todas y cada una de las fábulas con mi experiencia creando Catenon con mi socio y amigo Javier.

Debería ser un libro de obligatoria lectura en colegios para acercar la figura del emprendedor y del empresario con sus valores como ejemplo para la sociedad.

MIGUEL ÁNGEL NAVARRO BARQUÍN
CEO de Catenon Worldwide

Los que conocemos a José María sabemos que muchas veces ha demostrado una inusual capacidad para afrontar retos y desafíos con solvencia y ejemplaridad. En este libro, José María nos acerca a muchas de estas experiencias, concretamente a las que le han acompañado en su faceta de emprendedor. Y lo hace utilizando como hilo narrativo algunas de las fábulas con las que muchos de nosotros hemos crecido y disfrutado.

Aunque el uso de estas breves historias es un acierto en sí mismo, creo que el verdadero valor de este libro reside en la acertada selección de experiencias y en la claridad y pedagogía con la que el autor nos guía en cada relato.

Sin duda una lectura tan útil como entretenida.

HÉCTOR CASADO CABALLO
Exdirector general *Diario ABC* y Punto Radio

Dicen que algunos cerebros están organizados por compartimentos. De ser así el caso, el de José María siempre ha tenido, desde que lo conozco, un compartimento (o varios) dedicados 24/7 a la búsqueda de nuevas oportunidades de negocio. Este libro recoge de forma honesta y entretenida algunos de sus aprendizajes al llevar esas ideas a la práctica. Recomiendo su lectura a cualquier emprendedor.

JAVIER LORENTE MARTÍNEZ
Director de desarrollo de negocio en Telefónica Tech

Índice

Prefacio
La fábula, escuela de vida...
y de empresa

Solo el necio considera a las fábulas como simples cuentos para niños. Las fábulas, en verdad, atesoran una enorme sabiduría, fruto histórico del aprendizaje humano. Los maestros de antaño —algunas fábulas vienen de miles y miles de años atrás— supieron destilar y transmitir el conocimiento del alma humana gracias a la analogía con los comportamientos reconocibles de los animales. Dado que las motivaciones humanas han permanecido inmutables a lo largo de la historia, las enseñanzas de estas composiciones literarias breves mantienen su lozanía y plena vigencia en esta sociedad posmoderna y digital.

Las fábulas nos muestran cómo somos, categorizan nuestros comportamientos ante el espejo clarividente de algunos animales prototípicos. Como auténticas metáforas humanas, nos permiten conocernos mejor al desnudar las pasiones, temores y pulsiones que nos condicionan y conforman.

La sabiduría de las fábulas nos ayuda a mejorar como personas. Su esencial humanidad irradia sobre nosotros, nuestros comportamientos y nuestras obras. Y, por ello, también en el funcionamiento de las empresas, dado que son, sobre todo, organizaciones de personas. Esta esencia humana de la empresa, condicionada por los sesgos y arquetipos que nuestra genética nos impone, son mostradas al desnudo en el aparentemente inocente relato de la fábula. La fábula, por consiguiente, es una

11

poderosa escuela para la vida y para la dirección de empresas tal y como, sabiamente, José María Cancer nos muestra en esta obra que tengo el honor de prologar.

El autor supo ver la utilidad de las fábulas para la acertada dirección de las empresas. Además, y a modo de parábola, las aplica a su propia experiencia de alta gestión, por lo que nos abre un doble camino de sabiduría: el de lo sufrido en carne propia y el de lo aprendido en la fábula lúcida, con una conclusión clara. Es mucho más inteligente aprender de la sabiduría de la fábula que cometer errores graves, previsibles y evitables. Muchas gracias por este libro que nos regalas, José María, y que aporta luz a la siempre difícil y azarosa tarea de dirigir empresas.

MANUEL PIMENTEL SILES
Editor de Editorial Almuzara
Abril 2021

Introducción

Cuando oímos hablar de una fábula, rápidamente la asociamos a nuestra infancia, a historias breves sobre animales o seres mitológicos, cuya finalidad es principalmente didáctica o moralizante.

A nuestra cabeza acuden las figuras de ranas, zorras, leones o tortugas, animales que tienen aparejado un estereotipo de persona o al menos de actitud vital.

Caemos por ello en el error de asociar estas enseñanzas, que tratan de inculcarnos a través de su moraleja correspondiente, a temas banales, a enseñanzas infantiles o a moralinas trasnochadas.

Sin embargo, muchas de ellas tienen un trasfondo de honda sabiduría popular, de experiencia vital en la que una de las figuras suele aprender la lección a menudo a costa de sufrir un revés.

Esopo, La Fontaine o el propio Iriarte nos dejaron una riquísima colección de fábulas que en algunos casos inmortalizaban antiguos cuentos e historias que ya circulaban entre el pueblo llano. Eran historias que se contaban delante del fuego, que se transmitían de una generación a otra intentando enseñar una lección útil para la vida. Que estos autores las hayan recopilado y redactado magistralmente nos ha permitido que lleguen a nuestras manos con su potencia educadora y moralizante intacta.

Reflexionando sobre ellas me di cuenta de que, por el hecho de contar principios fundamentales con palabras simples puestas en boca de animales, pastores, campesinos o cazadores, no les hemos dado la importancia real que tienen a la hora de instruirnos sobre determinados aspectos de nuestra vida. Hablo de LA VIDA, la de hace siglos al igual que la actual, porque hay actitudes humanas y errores que podemos cometer que son inmutables y que se repiten generación tras generación.

En esa misma línea de reflexión, intenté ir más allá del aprendizaje que transmiten para la vida personal e intenté ver también la posible aplicación de sus moralejas a la vida profesional y al mundo empresarial.

Efectivamente encontré que muchas de sus lecciones son igualmente válidas para un ámbito como para el otro y que en ocasiones no hace falta matricularse en un máster de gran prestigio para mejorar nuestra manera de gestionar nuestros negocios.

Las fábulas transmiten fundamentalmente sentido común, aderezado por valores como la prudencia o el esfuerzo. Quien tiene ya a sus espaldas tres décadas de esfuerzos en el mundo profesional, especialmente en tareas directivas, sabe que la mezcla de intuición, empatía, sentido común y una calculadora o a lo sumo una hoja de Excel son capaces de resolver el 80 % de los retos a los que nos enfrentamos cada día en nuestras posiciones de liderazgo.

Por ello las fábulas tienen plena vigencia como ilustradoras de las cualidades y actitudes que debe tener un directivo, como también lo son de cómo debe actuar una buena persona en general.

Animado por este enfoque decidí escribir este libro que no pretende más que recordarnos determinadas facetas del entorno profesional que pueden ser gestionadas con éxito simplemente aplicando los principios que nos ofrece la lectura de una buena fábula.

A la hora de decidir cómo abordar su escritura, decidí hacerlo en torno a aspectos concretos de la vida de la empresa que llevaran aparejados una fábula concreta de la que poder obtener un consejo o referencia. Estos consejos son válidos para casi cualquier tamaño de empresa, aunque es más habitual que sean las *start-ups* las que son sacadas adelante por directivos con una experiencia más reducida como gestores.

Conozco bien el mundo de las *start-ups* pues he sido cofundador de varias y director de otras y sé lo difícil que es sacarlas adelante y que cualquier ayuda o consejo práctico es siempre de agradecer, especialmente cuando tu vida es vertiginosa y tienes la impresión de no tener tiempo ni para pararte a reflexionar.

Por ello el formato incluye catorce fábulas o temas concretos que se pueden leer aisladamente, permitiendo que pueda ser un libro de lectura rápida en ratos sueltos.

En cada una de las historias intento plasmar una experiencia personal, una ocasión en la que tuve que afrontar una decisión o actividad como gestor de una micropyme y explico con transparencia qué hice en cada caso.

Llegué a esa posición pasada la cuarentena, tras dos décadas como gestor en multinacionales, buscando una actividad diferente y que me entusiasmara, abandonando para ello una sólida posición en el seno de una multinacional.

Podría parecer de esta lectura que KeelWit Technology (*start-up* de la que fueron naciendo otras empresas participadas o asociadas) fue un fracaso, pues se ponen en evidencia errores cometidos. Nada más lejos de la realidad. Durante los 8 años que la gestioné ganamos tres premios al emprendimiento o a la iniciativa empresarial, firmamos 46 proyectos en 3 continentes, obtuvimos y vendimos o conservamos diferentes modelos de utilidad y patentes y dejamos un reguero de proyectos emblemáticos que siguen su andadura hoy en día.

El motivo por el que he elegido mostrar especialmente los errores cometidos es la particularidad del ser humano de aprender más de los errores que de los aciertos. Las coronas de laurel en la cabeza de los triunfadores se acaban secando y marchitando, pero las cicatrices quedan en el cuerpo para siempre y permiten recordar, cada vez que las miramos, cuál fue el motivo que las originó.

Intento poner en primera persona los errores cometidos pues creo que efectivamente así fue, por mucho que formalmente dirigiéramos KeelWit mi socio Isaac Prada, a quien también dedico este libro, y yo. Creo que tuve un peso fundamental en la toma de esas decisiones.

Isaac y yo no podemos ser más diferentes. Somos como el aceite y el agua, teóricamente inmiscibles, pero juntos le dábamos mucho sabor a la ensalada. Nuestros ocho años juntos fueron vertiginosos y ricos en experiencias profesionales y personales.

Diferentes complicaciones en el desarrollo de alguno de nuestros proyectos principales nos hicieron tener que diversificar nuestra actividad hacia campos diferentes en los que pensábamos que podíamos aportar valor. Esto supuso tener una capacidad permanente de adaptación, manteniendo la agilidad del conejo para afrontar los cambios, la laboriosidad de la hormiga para sacar adelante los proyectos y la vista afilada del águila buscando nuevas oportunidades de negocio para mantener el negocio y los puestos de trabajo.

En un apartado final hago una reflexión sobre los animales que aparecen en las fábulas, que ilustran las actitudes o personajes que simbolizan y el porqué de su elección para estos cuentos.

El mundo de la electromovilidad, la aerodinámica y los túneles de viento, los parques acuáticos, la eficiencia energética, los ensayos por vibración o los ciberataques, en los que desarrollamos nuestros proyectos, parecen no tener mucho que ver con el mundo de los animales de las fábulas, pero si sabemos entender la moraleja que hay detrás de cada una de estas historias, veremos cómo pudo haber influido cada una en la mejora de la gestión de nuestra empresa.

Actualmente ya no estoy vinculado a ninguna de estas *start-ups*; vendí todas mis participaciones en ellas para monetizar el esfuerzo realizado hasta esa fecha y actualmente trabajo por cuenta ajena nuevamente en el seno de una multinacional (MAPFRE) en el mundo de la innovación. Fueron ocho años de intenso aprendizaje y de reinvención de mis propias capacidades. Podría decir sin riesgo de equivocarme que no he tenido otra etapa profesional en la que haya aprendido más cosas.

El paso del tiempo te ayuda a valorar en su justa medida la proeza que supuso crear desde la nada un entramado de micropymes, lanzar al mercado productos, servicios, construir edificios, instalaciones… En esos momentos los proyectos y actuaciones se sucedían a tal velocidad que no tuve tiempo de estructurar mentalmente los aprendizajes logrados, que ahora intento poner en práctica en mi nueva andadura profesional.

Por eso, ahora, mi mayor ilusión sería que una *start-up* o el gestor de alguna empresa de un cierto tamaño me dijeran que, a la hora de afrontar alguna fase decisiva de su labor como directivo, se acordaron de alguna de las historias que aquí traigo y que eso les ayudó. Con eso me bastaría para justificar la existencia de este libro que tienes entre las manos y que he escrito para que tú también puedas aprender de las ranas, los murciélagos o las hormigas.

El plan de negocio: la lechera

La hija de un granjero llevaba sobre su cabeza una jarra llena de leche que pensaba vender en el pueblo. Mientras andaba, empezó a hacer planes:

—Con lo que me den por esta leche, compraré trescientos huevos. De los huevos, nacerán al menos doscientos pollos. Cuando crezcan los venderé en el mercado y haré tanto dinero que me podré comprar un bonito traje y los chicos del pueblo vendrán a cortejarme.

Iba tan distraída con sus pensamientos que tropezó con una piedra del camino, cayó al suelo y rompió la jarra, derramando toda la leche.

Moraleja: no hagas planes sobre cosas que aún no has obtenido.

En los primeros momentos en los que empecé a fraguar la idea de montar una empresa de ingeniería, elaboré, junto a mi socio, un listado de iniciativas o proyectos posibles que nos gustaría lanzar, aprovechando nuestras áreas de competencia.

Para cada una de ellas *elaboramos un plan de negocio* simplificado en el que definíamos el reto que pretendíamos resolver, la solución que proponíamos aportar, el mercado potencial al que dirigirnos, los volúmenes de producción y ventas, los medios necesarios para ponerlo en marcha y los flujos de caja derivados de ello.

Al haber varios proyectos relacionados entre sí, en los que el resultado de uno podía suponer una ventaja competitiva para otro de ellos y de esa manera el éxito de uno podía lanzar el del siguiente, estábamos muy ilusionados por arrancar con el primero de ellos. Como la lechera, ya maquinábamos en nuestra cabeza *de qué manera utilizar el fondo de maniobra remanente del primer proyecto para impulsar los siguientes* y cómo utilizar internamente, en otra iniciativa, el producto del primer proyecto una vez estuviera en el mercado.

Para lograrlo, iniciamos una ronda de contactos con posibles inversores en *start-ups* de componente tecnológica, a los que habíamos ido conociendo a través de nuestras trayectorias anteriores.

Con una asombrosa rapidez dimos con un grupo inversor al que le interesó la complementariedad de los diferentes proyectos, vinculados a la movilidad y la energía (nuestras áreas de competencia inicialmente detectadas). Tras varias reuniones, cálculos, proyecciones y discusión de la valoración de la empresa antes de su aportación de capital, llegamos a un acuerdo y fijamos las condiciones finales del mismo.

Puesto que para el inversor su entrada en el mundo de la tecnología era una diversificación importante respecto a sus negocios habituales, nos propuso dar cierta notoriedad al hecho de la inversión, dando un margen de tiempo prudencial para preparar y lanzar la nota de prensa, encargar a un estudio externo la definición del logotipo e imagen de marca de la nueva empresa, etc.

Con el acuerdo de intenciones firmado y estando en plena revisión de la enésima versión del documento que regulaba las condiciones de entrada en el capital para su firma, llegó la época de Semana Santa. El presidente y máximo accionista de la empresa inversora nos comunicó que partía de viaje a supervisar otra inversión en Brasil y de paso pretendía pasar unos días de descanso en el país antes de volver para la firma.

En nuestra bisoñez como emprendedores, nosotros seguíamos trabajando en la selección de los perfiles humanos necesarios para el negocio, perfeccionando los diseños del primer producto y trabajando a toda máquina, con la mente puesta solo en el arranque de la nueva empresa. Teníamos elegida la ubicación de la oficina, preseleccionados los materiales y equipos a adquirir para el arranque de la actividad, hablado con ingenieros que estarían interesados en incorporarse como refuerzo de la plantilla, etc. *Realmente, como la lechera, seguíamos andando sin mirar al suelo.*

La Semana Santa se prolongó y las semanas se empezaron a suceder, haciendo peligrar la fecha prevista para la comunicación oficial, sin que el inversor volviera de su viaje a Brasil. Su equipo no era claro con nosotros y no conseguíamos saber el motivo del retraso. Las llamadas y mensajes sin contestación se sucedían a lo largo de los días.

Finalmente fuimos convocados a una reunión con el conjunto de miembros del comité de dirección de la futura empresa unos días más tarde.

Esa reunión supuso el aterrizaje en el suelo de nuestro jarro de leche, la volatilización de nuestros esfuerzos hasta el momento y nuestro duro aterrizaje en la realidad de que nuestros sueños se movían a una velocidad diferente a la del mundo real.

El inversor, en su actividad en Brasil, había descubierto al tiempo una necesidad de apoyar su negocio tradicional allí, al tiempo que había entrado en contacto con el mundo de las energías renovables en dicho país. Ambas actividades requerían una aportación importante de fondos y suponían una oportunidad demasiado golosa como para dejarla escapar.

Allí se fue nuestra leche, a regar otros suelos, en lugar de cuajar nuestros sueños. Por mucho que intentáramos hacer valer nuestro acuerdo de intenciones y mostráramos el resto de documentos que habíamos elaborado de manera conjunta, nada pudimos hacer para cambiar su decisión y doblegar a sus abogados. El dinero, como la leche, ya no estaba disponible y allí murió nuestra andadura con ellos. *Pensando en el futuro, no supimos cuidar nuestro presente.*

Afortunadamente y a diferencia del cuento de la lechera, nosotros sabíamos cómo generar más leche, buscamos un nuevo recipiente más resistente y, mirando mejor esta vez por dónde pisábamos, reanudamos el camino hacia el mercado, dispuestos a vender nuestro producto.

De todo ello tratan los siguientes capítulos.

La elección de los socios:
el escorpión y la rana

Una rana sentada a la orilla de un río, vio llegar a un escorpión. La rana se asustó, pero el escorpión parecía amistoso y le dijo:

—Querida rana, ¿podrías ayudarme a cruzar el río llevándome sobre tu lomo? Te prometo que no te picaré. Si lo hiciera, los dos moriríamos ahogados.

La rana dudó un momento, pero se dejó convencer por la explicación del escorpión. Montó al escorpión en su lomo y comenzó a nadar para atravesar el río. A mitad de camino, la rana sintió cómo el escorpión le había picado. Viendo que se hundía, le dijo al escorpión:

—¿Cómo has podido hacerme esto? ¡Ahora moriremos los dos!

—No he podido evitarlo, es mi naturaleza —respondió el escorpión, mientras se hundían juntos.

Moraleja: ten cuidado con la fama que tiene la gente con la que tratas, que probablemente se la haya ganado con sus actos.

Hay veces en las que una sonrisa amable, una promesa de respeto y fidelidad y el carisma de nuestro interlocutor nos pueden hacer creer a pies juntillas lo que nos dice.

El mundo de los negocios está lleno de auténticos embaucadores y encantadores de serpientes, que te realizan propuestas de trabajo conjunto prometiendo mantener actitudes intachables contigo. Sin necesidad de tener una agencia de detectives, es necesario *investigar* en el mercado cuáles son los éxitos previos de esas personas, su contribución personal a los mismos y muy especialmente *los valores morales y éticos* demostrados en su consecución. Internet y las redes sociales son una fuente inaudita de obtención de información de las personas, si se filtra adecuadamente lo que se lee y se le dedica el tiempo necesario. Hay que aprovechar también al máximo el llamado *networking*, aprovechando los conocidos comunes para intentar conocer mejor a la persona con la que vamos a tratar.

En una de las empresas que fundé junto a mi socio, incorporamos como compañero de viaje a una persona que aportaba un valor indudable al negocio, pero que nos ofrecía dudas respecto a su posible actitud futura con nosotros. Sin embargo, su actitud conciliadora, su sonrisa y tono de voz pausado y su aparente conocimiento profundo del sector en el que nos movíamos, acabó de convencernos de su idoneidad como nuevo socio.

A lo largo del camino que recorrimos juntos, observamos cómo copiaba y se apropiaba sin prejuicios de ideas ajenas, era desleal con proveedores o trataba injustamente a otros actores implicados en el negocio. Sin embargo, la ambición de lograr cosas juntos (que parecían inalcanzables sin su presencia) y la deferencia con la que nos trataba a nosotros *nos hicieron pensar que nunca sufriríamos este tipo de actuaciones por su parte.* Ingenuamente incluso llegamos a pensar que podríamos hacerle cambiar su actitud y su forma de afrontar los negocios, las relaciones interpersonales o la vida misma.

A medida que fue pasando el tiempo y que nuestra propia aportación al negocio ya había sido realizada, su actitud cambió, pasando a generar importantes tensiones internas en la compañía y a comportarse de una manera que entendíamos que vulneraba nuestros derechos como socios.

En ese momento comprendimos finalmente que hay personas que tienen tan interiorizada una manera de comportarse que es muy difícil que la puedan modificar, tendiendo de manera natural a repetir los mismos actos una y otra vez.

La *prudencia* nos debería haber empujado a admitir a esta persona con una figura societaria diferente a la que tuvo, con una relación mercantil entre ambas partes en lugar de la figura de socio. La fama que le precedía nos debería haber impulsado a *extremar las precauciones a la hora de blindar derechos y obligaciones contractuales.*

Es curioso cómo puede llegar uno a ponerse una venda en los ojos pensando «esto no me va a pasar a mí» cuando te obsesionas con los posibles rendimientos a obtener en una iniciativa que te ilusiona.

La historia se saldó vendiendo nuestras participaciones en la empresa conjunta y «dejando al escorpión» en una piedra en mitad del río, antes de recibir un aguijonazo letal, pero habiendo sufrido un desgaste importante por el camino, tanto personal como económico.

No sería justo el dejar de mencionar que el haber acometido esa tarea de «rana portadora» nos labró una reputación de valientes y «buenos nadadores» en aguas turbulentas, que utilizamos para forjar una imagen potente de nuestra *start-up*, aunque las cicatrices que nos dejó la aventura fueron profundas. Valorándolo globalmente, no me arrepiento de lo hecho, pero no lo volvería a hacer.

El orgullo: el burro flautista

Cerca de unos prados que hay en mi lugar,
pasaba un borrico por casualidad.
Una flauta en ellos halló, que un zagal
se dejó olvidada por casualidad.
Acercose a olerla el dicho animal,
y dio un resoplido por casualidad.

En la flauta el aire se hubo de colar,
y sonó la flauta por casualidad.
«¡Oh!», dijo el borrico, «¡qué bien sé tocar!
¡y dirán que es mala la música asnal!».
Sin reglas del arte, borriquitos hay
que una vez aciertan por casualidad.

*Moraleja: el haber acertado una vez en una cosa
no te convierte en un experto en ella.*

El primero de los proyectos que realizamos al crear nuestra ingeniería fue el diseño de los prototipos de una gama nueva de bicicletas eléctricas, adecuado para el cliente centroeuropeo, contratados por un importador de este tipo de vehículos. Contamos con el apoyo y soporte para ello de un gran centro tecnológico, que aportó gran parte del valor añadido de los 3 modelos.

Como la presentación de la gama en una feria internacional tuvo mucho éxito, cometimos el error de creer que teníamos un «gran olfato» para el diseño de soluciones de electromovilidad, y como tales expertos fuimos buscando generar nuevos proyectos.

Efectivamente, en breve conseguimos convertirnos en la ingeniería detrás de un consorcio de empresas de logística y distribución que buscaba promover el uso de triciclos de carga eléctricos, de pedaleo asistido, para su trabajo en zonas peatonales o de acceso prohibido a vehículos de combustión.

Tras una serie de sesiones de cocreación y de refinamiento del concepto original llegamos a elaborar un diseño que respondía (sobre el papel) a las necesidades que los miembros del consorcio nos habían trasladado.

Orgullosos de la rapidez con la que habíamos logrado llegar a una definición de producto válido comenzamos la fabricación de la primera unidad. *Con mi experiencia actual lo habría denominado mínimo producto viable (MPV), en lugar de «pre-serie» como pomposamente lo denominamos.*

El orgullo de haber conseguido que superara rápidamente los ensayos de compatibilidad electromagnética (que aparentemente no habían realizado otros competidores) nos hizo ser todavía más osados y pensar que el diseño era excelente.

Esta convicción de su idoneidad (que lo hayan imitado posteriormente otras empresas demuestra que no era malo) nos llevó a intentar meter en pruebas en el cliente la primera unidad producida sin haber realizado internamente suficientes verificaciones.

El uso más intensivo de la unidad hizo aflorar errores de concepción y problemas de calidad que obligaron a revisar el diseño y los componentes.

Tras bastante trabajo, conseguimos resolver la mayor parte de los problemas y minimizar el resto, por lo que nos lanzamos a la producción «en serie» de una tanda de 20 unidades.

En ese momento descubrimos también cómo fabricar «artesanalmente» una unidad es muy diferente de intentar generar un proceso productivo en serie con medios limitados, una nave industrial de dimensiones muy justas y experiencia previa muy escasa en estos procesos.

Las dificultades sufridas para poder cumplir con el pedido acordado nos hicieron desestimar la irrealista idea de ser capaces de ofrecer la producción de las primeras series de otros productos que diseñáramos más adelante. Ser capaces de producir un mínimo producto viable no era en modo alguno, como en el caso del burro flautista, «por casualidad», pero sí que nos situaba en una posición muy alejada de ser capaces de la producción en serie de productos de calidad (ser flautistas).

En los negocios hay que tener menos orgullo y ser capaces de asumir los verdaderos puntos fuertes del equipo y centrarse en ellos en lugar de intentar «colgarse medallas» que uno aún no ha merecido.

A pesar de las dificultades descritas, la Organización Empresarial de Logística y Transporte que contrató el proyecto fue merecedora del galardón Medioambiente 2012 que otorga la Comunidad Autónoma de Madrid por el proyecto de impulso del desarrollo y uso de estos triciclos en el ámbito urbano de Madrid.

Las propias capacidades:
el águila, el cuervo y el pastor

Lanzándose desde una cima, un águila apresó a un corderito y se fue volando. La vio un cuervo y tratando de imitar al águila, se lanzó sobre un carnero, pero con tan poca idea de lo necesario para ser un ave rapaz, que sus garras se enredaron en la lana del carnero, y aun batiendo sus alas, no tuvo fuerza ni para soltarse. Viéndolo, el pastor se acercó, apresó al cuervo y le retorció el pescuezo mientras le decía: «Te crees águila y solo eres cuervo».

Moraleja: esfuérzate y enfoca tu trabajo en aquello para lo que realmente estás preparado y no en lo que está más allá de tus posibilidades reales.

El mundo de las *start-ups* genera a menudo una falsa impresión de que «todo es posible». De un garaje y tres amigos parece que siempre sale un unicornio.

Cuando arrancas con la tuya, te ves a menudo cegado por las figuras de otros emprendedores que, partiendo de la nada, forjaron grandes empresas y con ellas, grandes fortunas.

Lo que posteriormente descubres (por mucho que hayas leído sobre ello nunca piensas que te vaya a ocurrir a ti) es que más del 90 % de las *start-ups* desaparecen en menos de tres años. No le ocurrió a KeelWit, pero su camino no fue un lecho de rosas.

Uno nunca se cree cuervo y a menudo se ve fascinado por los logros de las águilas del mundo del emprendimiento, tendiendo a acometer proyectos y poniéndose metas que están fuera de su alcance real.

La *arrogancia* de creerse más preparado de lo que uno está, te lleva a no valorar con suficiente detenimiento las dificultades de lo que te lanzas a llevar a cabo, asumiendo un *riesgo* desproporcionado.

El cuervo se creyó con fuerzas para llevarse volando al carnero. Nuestra *start-up* creyó que tenía los recursos suficientes como para pelear en ciertos mercados contra empresas muy establecidas y con un gran músculo financiero.

No teníamos recursos económicos y humanos suficientes como para seguir invirtiendo en I+D durante varios años seguidos sin un retorno financiero inmediato. Tampoco teníamos reservas como para seguir ejerciendo una acción comercial mantenida, desarrollando una mayor cartera de clientes durante el lento proceso de maduración de nuestros proyectos de ingeniería. Alguno de ellos tardó más de tres años desde la firma del preacuerdo de contratación hasta su ejecución. Esto nos consumió toda la liquidez disponible que teníamos.

Mientras, seguíamos enmarañados como el cuervo en la lana del carnero impidiéndonos remontar el vuelo, forcejeando infructuosamente en nuestro vano intento de competir contra empresas mucho mayores que nosotros en varios campos.

Solo con ver qué han hecho los demás e imitar sus pasos y movimientos, no basta para estar preparado para lo que se pretende hacer, porque probablemente *lo que se pretende hacer es inviable con los medios de que se dispone. O se cambia el objetivo o se buscan medios adecuados.*

El cuervo es bueno robando grano, atacando y comiéndose a pequeños animales e insectos, pero, al no tener la envergadura, fuerza y garras de un águila, no debería lanzarse a cazar un carnero.

Elige bien tu presa, tu mercado y tu inversión y *valora previamente si tienes los medios, recursos y conocimientos adecuados para lanzarte* a conquistarlos, antes de poner en riesgo la viabilidad de tu *start-up* y de tu patrimonio por intentar algo que no estaba a tu alcance.

En un lenguaje más actual y como dice una conocida marca de bebidas refrescantes, «no te vengas arriba» cegado por lo que han hecho los demás y mide lo que tú puedes hacer.

La flexibilidad: el roble y la caña

Al borde de un lago crecieron a la vez un roble y una caña. El tiempo pasó y el roble se hizo grande y fuerte. A menudo miraba a la caña y le decía: «Mira lo pequeña y débil que eres. No aguantas nada de peso. La menor brisa te hace doblarte hasta rozar el agua».

A la caña le molestaba la soberbia del roble.

Un día llegó una tormenta muy fuerte. Enseguida la caña se dobló, mientras que el roble luchaba para mantenerse en pie. Finalmente, la fuerza del viento fue tal que arrancó el roble. Cuando el temporal amainó, unos hombres aparecieron y lo cortaron para hacer troncos de leña.

La caña, triste por su vecino, pensó: «Me doblé, pero no me rompí. Qué pena que tanta soberbia y vanidad le hayan hecho acabar así»

Moraleja: para sobrevivir a las dificultades es mejor ser flexible que permanecer rígido e inamovible.

En la época inicial de KeelWit nos presentamos a un par de competiciones para *start-ups* que presentaban allí proyectos innovadores. El premio consistía en una aportación económica importante a fondo perdido, una mentoría durante un periodo prolongado y el respaldo de la gran organización que daba nombre a la competición.

En estas competiciones conocimos a otras *start-ups* que habían nacido al mismo tiempo que nosotros y que también defendían sus propuestas con sus mejores capacidades, puestas en juego sobre el escenario.

A cada una de los dos eventos nos presentamos con una propuesta diferente. En ambas ocasiones llegamos a la final, pero no obtuvimos el premio que tanto ansiábamos.

Como consecuencia de esto y con el rabo entre las piernas, nosotros seguimos nuestro camino, progresando lentamente mientras que las empresas ganadoras crecían en tamaño, popularidad y recursos.

De hecho, algunas de ellas nos propusieron más adelante contratarnos para hacer determinadas facetas de sus proyectos, por no contar con esas competencias específicas. No llegó a materializarse la cooperación finalmente por desacuerdo en las condiciones, pero sí que nos permitió seguir en contacto con ellas y presenciar su evolución.

Su fidelidad a la propuesta que originó que ganaran el premio hizo que esas start-ups se aferraran a su proyecto original durante años, mientras que, al abrigo de los medios puestos a su disposición, podían seguir desarrollándolo. *Sus raíces eran cada vez más profundas, pero su «exposición al viento» también se incrementaba.*

Por nuestra parte, en KeelWit la falta de recursos como para crecer a ese ritmo nos hizo mucho más flexibles. Visto que no conseguimos financiación para ambos proyectos, los hicimos evolucionar, *diversificamos nuestra actividad según la dirección en la que soplaba el viento.*

Ya que teníamos conocimientos de algoritmos de optimización, los aplicamos al diseño de conductos en centrales térmicas. Ya que teníamos conocimientos en eficiencia energética, los aplicamos en procesos industriales. Ya que dominábamos la mecánica de fluidos, diseñamos y construimos túneles de viento verticales.

En función del viento reinante en nuestros ámbitos de competencia, nos doblamos y adaptamos nuestro equipo, elegimos la formación complementaria necesaria y adquirimos el software de cálculo apropiado para sobrevivir.

A lo largo de ese proceso seguimos manteniendo el contacto con varias de las *start-ups* de ambas competiciones y pudimos constatar cómo gran parte de ellas se iban partiendo cuando el viento soplaba demasiado fuerte en una dirección en la que sus raíces no estaban suficientemente desarrolladas. En unos casos la falta de resultados tangibles a corto plazo y en otros la falta de generación de ingresos a partir de clientes externos, ajenos a los fondos de la empresa patrocinadora del concurso se convirtieron en vendavales imposibles de soportar para sus estructuras, demasiado rígidas.

Lo observamos con tristeza, puesto que habíamos trabado una cierta amistad con algunos de sus emprendedores. En una ocasión incluso recibimos una solicitud de trabajo de uno de ellos. Tampoco surgió la ocasión de que cooperara con nosotros ni como empleado, puesto que su conocimiento era demasiado profundo en un solo tema (que además no había cuajado finalmente en el mercado) y demasiado poco generalista y adaptable para nuestro estilo de funcionamiento.

Como moraleja de ese periodo yo destacaría que, *cuando en una empresa ves que algo no sale bien, tienes que saber cambiar a otra opción (dentro del mismo campo de actuación o no).* Realizar ese cambio de manera ágil *solo se puede hacer con la flexibilidad del junco* y no con la rigidez del roble.

La competencia:
los dos conejos (galgos o podencos)

Por entre unas matas,
seguido de perros,
—no diré corría—,
volaba un conejo.

De su madriguera
salió un compañero,
y le dijo: «Tente,
amigo; ¿qué es esto?».

«¿Qué ha de ser?» —responde—;
«sin aliento llego...
Dos pícaros galgos
me vienen siguiendo».

«Sí» —replica el otro—,
«por allí los veo...
Pero no son galgos».
«¿Pues qué son?» «Podencos».

«¿Qué? ¿Podencos dices?».
«Sí, como mi abuelo.
Galgos y muy galgos,
bien vistos los tengo».

«Son podencos, vaya,
que no entiendes de eso».
«Son galgos, te digo».
«Digo que podencos».

En esta disputa,
llegando los perros
pillan descuidados
a mis dos conejos.

Los que por cuestiones
de poco momento
dejan lo que importa,
llévense este ejemplo.

Moraleja: no pierdas el tiempo en discusiones sin importancia
y céntrate en lo importante.

El mundo de los negocios es tremendamente competitivo y da la impresión de que todas las empresas están inmersas en una carrera. Por ello, a veces, *cuando encontramos un momento de relajación* (la charla con el otro conejo) *y de autocomplacencia por lo logrado* (la ventaja sacada por el conejo a sus perros perseguidores), *dejamos momentáneamente de vigilar lo que hace la competencia* (los perros) y dejamos que nos alcance.

KeelWit consiguió aliarse con otros socios y levantar capital para el proyecto de diseñar y construir el primer túnel de viento vertical para la práctica del Indoor Skydiving en España. La lentitud administrativa en la obtención de los permisos en Madrid hizo que otro competidor inaugurara un túnel de viento en Gerona, arrebatándonos la primicia.

Sin embargo, nuestra paciencia tuvo sus frutos y conseguimos finalmente los permisos e inaugurar la instalación casi tres años más tarde, tras un esfuerzo ingente, conjuntamente con la empresa constructora.

Encandilados por la próxima apertura de esta nueva empresa de ocio y deporte, Madrid Fly, los diferentes socios nos enzarzamos en discusiones bizantinas sobre la mejor manera de explotar comercialmente la actividad.

Mantuvimos numerosas reuniones en las que debatíamos cuántos instructores debíamos contratar, los horarios de apertura, el tipo de negocio de restauración que queríamos en nuestra instalación, etc.

En ese periodo, *no mantuvimos la adecuada vigilancia de qué estaba haciendo la competencia.* Como los galgos/podencos (¿qué importancia tenía que fueran unos u otros?), los competidores, alentados por los buenos resultados obtenidos en la explotación de otras instalaciones similares que poseían en otros países, pusieron sus miras en Madrid y desembarcaron en la ciudad buscando una instalación para un nuevo túnel de viento.

«Preocupados» sobre el canon a cobrar a la empresa que regentara la actividad de restauración, no supimos reaccionar cuando alguien más pidió una licencia para una actividad similar en otra zona de la comunidad.

«Entretenidos» con la actividad de *marketing* necesaria para su inauguración, no detectamos que en este caso las licencias se obtuvieron a una velocidad vertiginosa, una vez que los técnicos encargados de otorgarlas ya tenían un negocio referente en las inmediaciones y habían aprendido las singularidades técnicas del mismo.

«Distraídos» con la decisión de cuál sería nuestra siguiente instalación a construir con los beneficios generados por Madrid Fly, no vimos que un inversor había comprado un terreno bien ubicado para construir su instalación en la periferia de Madrid.

De haber detectado estos movimientos con más celeridad, podríamos haber debatido internamente con más tiempo la baza de vender una participación del negocio a este inversor y haber capitalizado el esfuerzo personal y económico de haber aguantado tres años con el proyecto paralizado pendiente de permisos.

Como en el caso de los conejos, cuando nos quisimos dar cuenta y negociar alternativas con el competidor que venía a instalarse en Madrid, sus gestiones ya estaban demasiado avanzadas y la apertura del segundo centro en Madrid era imparable.

Aunque no era yo el más adecuado para detectar este movimiento del competidor, debo decir en nuestro favor que este tipo de distracciones son más habituales de lo que uno piensa. Como muestra aportaré que mientras ya hablábamos con el propietario del futuro segundo túnel de viento en

Madrid, un tercer inversor siguió el mismo camino y comenzó la construcción de una tercera instalación en Madrid sin que lo detectáramos ninguno de nosotros hasta no ser un hecho consumado.

El final de nuestra historia no es tan trágico como el de los dos conejos, pero sí que la falta de seguimiento de las actividades de la competencia nos impidió detectar a tiempo la posible presencia en una misma ciudad de tres instalaciones similares.

Lo que hubiera sido un negocio muy rentable para una sola instalación, se convirtió en un negocio interesante, pero incapaz de generar recursos propios con los que seguir desarrollando una política agresiva de expansión en otras ciudades, como habíamos pretendido. El mercado local no tenía el tamaño necesario para generar una facturación tan importante para los tres competidores.

Y *todo ocurrió en el plazo de unos pocos meses, mientras que estábamos discutiendo temas de segundo o tercer nivel* en comparación con la protección de la ventaja de la exclusividad en Madrid para nuestro negocio o la venta de una participación en el mismo para obtener la liquidez necesaria con la que seguir creciendo.

Deshechas las posiciones en este negocio, KeelWit siguió su andadura, pero alejada de esta actividad, que hoy sigue su exitosa andadura.

El *time-to-market*:
el hijo pródigo y la golondrina

A un hijo pródigo, que había derrochado su patrimonio, solo le quedaba un manto con el que resguardarse del frío. De repente vio volando sobre su cabeza a una golondrina que se había adelantado a la estación. Creyendo que ya llegaba la primavera, y que por lo tanto no necesitaría más el manto, fue también a venderlo para gastarse el dinero.

Pero regresó el mal tiempo y el aire se puso más frío. Entonces, mientras se paseaba, halló a la golondrina, muerta de frío, caída en el suelo.

—¡Maldito animal! Los dos hemos sufrido por tu señal equivocada— le dijo, sin pensar que quien se equivocó en su decisión fue él.

Moraleja: no reacciones impulsivamente ante las cosas que observes y valora si es el momento adecuado para emprender alguna acción.

En un mundo tan competitivo como el actual, llegar tarde a una oportunidad de mercado puede ser letal para la viabilidad de la empresa. En ocasiones el mercado tiene un tamaño limitado y tan solo las primeras empresas que se posicionan en él tienen realmente una oportunidad de aprovecharlo.

Por ello infinidad de libros y de conferencias hablan de la *velocidad de adaptación de las start-ups*, inherente a su tamaño y enfoque, que les permite vislumbrar las tendencias futuras, las necesidades insatisfechas y crear los productos o servicios que las pueden satisfacer. De esa manera consiguen ser pioneros en algunos campos, lo que les permite obtener réditos económicos importantes. Esto conlleva la necesidad de acortar al máximo el *time-to-market*.

De lo que no se habla tan a menudo es de lo *peligroso que es también el anticiparse demasiado al mercado*, ofreciendo un producto o servicio antes de que exista realmente la necesidad o la posibilidad de utilizarlo.

Corría el inicio del año 2011 cuando se empezaba a hablar de la «inminente» llegada de los vehículos eléctricos a nuestras carreteras y con ellos la necesidad de una infraestructura de recarga para los mismos en las principales vías interurbanas.

Consciente de que en otros países ya existían estas redes de puntos públicos de recarga eléctrica, comencé a contactar proveedores ya establecidos en el mercado europeo. Así surgió la oportunidad de convertirnos en distribuidores de unos modernos puntos de recarga especialmente diseñados para ser operados en estaciones de servicio.

Aun sabiendo que el mercado en ese momento era todavía pequeño para estos dispositivos, decidimos dar el paso de sondear las posibilidades de su comercialización. Los aparatos en cuestión tenían un precio elevado, pero aportaban la ventaja de tener integrada la gestión del pago de las recargas mediante tarjeta de crédito, lo que facilitaba su funcionamiento en régimen de autoservicio.

Sabedores de que teníamos un producto de calidad contrastada, conseguimos un primer cliente para una estación de servicio en el ámbito de una carretera nacional. Inmediatamente comenzamos los trámites para habilitar la pasarela de pagos y los permisos técnicos necesarios para su instalación y conexión a red.

Así se convirtió en la primera electrolinera de uso público en su provincia.

El problema surgió cuando en pleno proyecto se comprobó que no se aplicaba todavía en España una legislación específica que permitiera revender la energía comprada a una empresa comercializadora de electricidad. *Habíamos avanzado demasiado deprisa.* Antes de 2011, las únicas empresas que podían vender energía eléctrica eran las comercializadoras de electricidad. Por ello se creó la figura del gestor de carga para aquellos agentes que, siendo también consumidores, quisieran vender energía para la recarga de vehículos eléctricos. Con el tiempo se comprobó que se trataba de una barrera para el sector por la excesiva burocracia involucrada. Las empresas desistían de su empeño por la complejidad del proceso. En el caso de punto de recarga que montamos, el proceso tardó más de cuatro veces el tiempo que habíamos previsto.

No fue hasta octubre de 2018 que la legislación cambió, simplificando el proceso e impulsando realmente la instalación de redes de recarga.

El aprendizaje que obtuvimos en este caso fue la necesidad de *verificar previamente la viabilidad legal de poder llevar a cabo en ese momento los planes de negocio* que, aun respondiendo a necesidades de mercado, pudieran ser inaplicables, *de facto*, por falta de regulación que las amparara.

Fue una lección bien aprendida, pues desistimos del mercado de los puntos de recarga por su complejidad. Sin embargo, sí anticipamos la llegada de la necesidad de la emisión de los certificados energéticos para la venta/alquiler de inmuebles (2013) y la necesidad de auditorías energéticas en empresas de un determinado volumen de facturación o plantilla (2015). En ambas ocasiones adquirimos no solo el *know-how* de cómo llevarlo a cabo antes de que se abriera la necesidad de mercado, sino que confirmamos la viabilidad legal y administrativa de su aplicación en el momento adecuado. En plena época de crisis económica supusieron una importante fuente de ingresos adicionales a la actividad principal de nuestra empresa.

Por ello la moraleja aplicable de la fábula es que *hay que estar atentos a los signos de cambio en el mercado, pero hay que cerciorarse bien de que están realmente a punto de producirse, para no anticiparse en exceso a la hora de tomar decisiones. Adelantarse en exceso puede ser tan perjudicial como llegar tarde.*

El discurso comercial:
el murciélago y las comadrejas

Un murciélago cayó por accidente en el nido de una comadreja que detestaba a los ratones.

—¡Te voy a comer, ratón despreciable! —le dijo furiosa.

—¿Ratón yo? —contestó el murciélago—. ¿No ves que tengo alas? ¡Soy un pájaro!

Gracias a ello la comadreja le dejó escapar. Al poco, todavía aturdido por el susto, cayó en el nido de otra comadreja que odiaba a las aves, y esta, al verle, le amenazó:

—¡Voy a acabar contigo, pajarraco!

—¿Pajarraco yo? —le contestó el murciélago—. ¿No ves que no tengo plumas? ¡Eso es que soy un ratón!

Con este otro discurso, pudo escapar y salvarse.

Moraleja: tienes que adaptar tu discurso cada vez a las circunstancias y al interlocutor que tienes enfrente.

Cuando creas una empresa o lanzas un nuevo producto o servicio al mercado, corres el riesgo de «enamorarte» de tu idea en lugar de poner el foco en el aspecto del negocio o de la necesidad del cliente que quieres mejorar. Es muy típico de las *start-ups* el intentar convencer al mundo de que tienen la mejor idea y pretender hacer que esta triunfe tal y como la concibieron sus creadores.

Esta forma de pensar te aleja de la *necesidad de poner al cliente en el centro de tu trabajo. Tu negocio no debe ser vender tu producto sino resolver la necesidad insatisfecha del cliente gracias a tu producto* (o a esa otra cosa en la que se acabe convirtiendo). Hasta que el emprendedor no interioriza esta máxima, probablemente no consiga hacer que su empresa despegue. Igualmente le puede pasar a una empresa más consolidada si detecta un «punto de dolor» en la experiencia de su cliente con su producto o servicio, si se empeña en resolverla de la única manera que se le ha ocurrido inicialmente hacerlo.

Cuando inicié mi andadura intentando comercializar las excelencias de la aplicación de algoritmos inteligentes a la mejora de la eficiencia energética de procesos industriales, le iba a «vender mi libro» a cada una de las empresas con las que me entrevistaba. Mi discurso comercial era el mismo para todo tipo y tamaño de empresa porque, en mi interior, estaba plenamente convencido de las ventajas que conllevaba esta nueva aproximación a la eficiencia energética.

Con el paso de las semanas me empecé a dar cuenta de que tenía que amoldar mi discurso (que siempre tenía detrás una misma y única realidad, como en el caso del murciélago) a lo que realmente le podía interesar al cliente.

La venta tenía que empezar mucho antes, con una investigación más exhaustiva de los principales proyectos en curso y licitaciones a las que se había presentado recientemente el cliente. Era fundamental analizar el nivel de formación y experiencia previa de los directivos con los que me iba a entrevistar en la aplicación de inteligencia artificial a sus trabajos. Era vital saber si estaban en un momento de expansión, de profundización o de replanteamiento de su portfolio de servicios.

Las reuniones «a puerta fría» no suelen durar más de una hora. Inicialmente cometía también el error de contarles todo lo que yo sabía sobre el tema objeto de la reunión, dejando solo unos minutos finales para las preguntas y respuestas.

Con el paso de las reuniones me di cuenta de mi error y cambié la estrategia, de la que llegué a acuñar la frase que luego he utilizado en formaciones que he impartido a muchos directivos: *los mejores proyectos se gestan en la trastienda de los clientes.*

A la hora de vender tus servicios es mejor contar lo mínimo imprescindible para demostrar tu competencia y dejar hablar al cliente sobre sus problemas y dificultades, sobre «dónde les aprieta el zapato». Eso te permite modificar ligeramente tu discurso, amoldándolo a lo que puede aportar valor a los problemas reales de tu interlocutor.

Evidentemente esta estrategia obliga a una velocidad de reacción mucho mayor, como la que en la fábula tiene el murciélago cada vez, improvisando un discurso en el que saca a relucir las características de sí mismo que pueden agradar a cada comadreja y así salvar su vida.

Sin embargo, la velocidad de adaptación del discurso necesaria no es tan vertiginosa como se podría pensar; *juega un papel clave en esta entrevista la preparación previa de la misma,* que te permite lanzar preguntas abiertas sobre los temas en los que te has documentado. Es posible que el cliente no ponga encima de la mesa alguno de los temas que le pueden preocupar, pero es muy posible que sí aporte información relevante sobre algún asunto tras estas preguntas, si se ha sabido sacar a colación el mismo, demostrando que la reunión estaba meticulosamente preparada.

En una de las empresas de EPC (*engineering, procurement and construction*) con las que me entrevisté para ofrecerles mejorar el rendimiento de una central que estaban construyendo, el incremento de rendimiento que podríamos potencialmente introducir resultó no ser la clave para llevarnos el proyecto. Fue un comentario del directivo con el que me reuní sobre las penalizaciones en las que podrían incurrir en caso de no llegar a los umbrales pactados en el contrato firmado de construcción de la planta las que me dieron la clave para suscitar su interés. Es diferente lograr un porcentaje de mejora del rendimiento (del que se aprovecha el cliente final de la empresa con la que me estaba entrevistando), que ayudar a superar el umbral de rendimiento mínimo pactado por la empresa EPC con el cliente final, evitando el posible pago de penalizaciones (que hubieran sido un coste directo para la empresa con la que mantenía la entrevista).

Saber adaptar el discurso para exponer la aplicación de las ventajas de nuestro método de trabajo a otro fin fue la clave del éxito.

En otra ocasión, el análisis preliminar de los indicadores energéticos de una planta de producción nos reveló que había posibilidades de mejorar la eficiencia energética del proceso, pero también que el proceso podía incrementar su rendimiento. El margen por cada tonelada adicional de producto generada era tan importante, que aplicamos nuestros algoritmos a la obtención de un ajuste de los parámetros de producción que lograba producir más toneladas cada día, aunque fuera con un rendimiento energético que no era el óptimo.

En otra ocasión acudí a una feria internacional de actividades de ocio para explicar nuestras capacidades con la simulación numérica del movimiento del aire, aplicándolas al diseño de túneles de viento. Viendo que una gran parte de las actividades recreativas que se presentaban en la feria estaban ligadas a parques acuáticos, adapte sobre la marcha en una cafetería del recinto la presentación que llevaba preparada, cambiando los términos «gases» y «aire» por «fluidos», dejando la puerta abierta a trabajar con agua. Tras un recorrido por los principales estands de la feria, conseguí atraer la curiosidad de uno de los principales fabricantes, que nos contrató para optimizar el funcionamiento de una de sus atracciones de parques acuáticos.

Las capacidades que tenía nuestro equipo para la aplicación de algoritmos eran las mismas, pero *adaptando el discurso de lo que podíamos hacer en cada caso, conseguimos ganar y poner en práctica proyectos con finalidades diferentes.*

Una vez llevados a cabo varios proyectos del mismo tipo de manera exitosa, las conversaciones siguientes de prospección de nuevos clientes se veían aderezadas con referencias a los proyectos ya terminados. En ese caso nosotros (el murciélago) teníamos un poco más de trayectoria y bagaje que aportar, de sapiencia por experiencia; éramos un poco más búho que murciélago, pero eso ya sería otra fábula...

Las negociaciones: la gallina de los huevos de oro

En una pequeña granja nació un día un pollito, que al crecer se transformó en una gallina muy especial.

Cuando el granjero fue a recoger el primer huevo que puso, descubrió que era de oro. Al día siguiente, su gallina puso otro huevo de oro macizo. Y así un día, y otro, y otro más…

Los granjeros vendieron los huevos de oro, reformaron la granja, compraron más animales. ¡Tenían mucho dinero! Pero, aun así, querían más, y sus ojos brillaban de codicia. Un día el granjero dijo: «Si la gallina nos da cada día un huevo de oro… ¡es porque su interior estará hecho de oro macizo!». Llevados por la codicia mataron a la gallina para descubrir que no tenía nada dentro y que ya no tendrían más huevos de oro.

Moraleja: a veces la avaricia te nubla la razón
y te hace tomar decisiones incorrectas.

Como en el juego del *blackjack, a veces en las negociaciones hay que saber cuándo plantarse para no pasarse y perderlo todo.* Es fácil decirlo, pero no lo es el respetarlo.

Cuando una *start-up* encuentra por fin un área de negocio que le permite tener un cliente recurrente y una fuente de ingresos importante, es fácil caer en la tentación de querer estrujar demasiado la oportunidad y acabar matando su propia «gallina de los huevos de oro».

En nuestro caso, conseguimos un importante contrato con una empresa química a la que le realizamos un estudio de mejora de la eficiencia energética de su planta productiva.

El resultado del primer trabajo fue tan satisfactorio que nos encargaron un nuevo estudio y luego otro, generando una carga de trabajo importante y mantenida en el tiempo.

En el siguiente proyecto intuimos tanto potencial de ahorro en una de las áreas, que ofrecimos un precio menor por el trabajo a realizar, pero a cambio pedimos un porcentaje de los ahorros que se lograran.

Los clientes aceptaron encantados la propuesta y nos pusimos a trabajar. La magnitud de la carga de trabajo a llevar a cabo nos llevó a movilizar a casi la totalidad de los ingenieros, pero los primeros resultados parecían prometedores.

De cara a mantener nuestra liquidez a salvo, nos pagaron un anticipo a cuenta de los ahorros a obtener, lo que nos pareció un presagio de un futuro muy prometedor cuando pasara el tiempo acordado e hiciéramos balance de los ahorros obtenidos.

Pasó el tiempo y llegó el momento de hacer el cálculo final de los ahorros obtenidos y por ello de nuestro pago variable diferido. Lo que no supimos prever fue que, durante el tiempo transcurrido desde la aplicación de nuestra propuesta a la medición final de resultados, el propio cliente también había introducido cambios en la planta de producción. A la hora de medir los ahorros resultaba imposible saber la influencia que había tenido el resto de actuaciones sobre el resultado final, por lo que no llegábamos a un acuerdo.

La discusión por el importe del pago variable a cobrar se prolongó una serie de horas hasta que el cliente puso encima de la mesa una cifra cerrada por zanjar la discusión. La cifra era jugosa, pero según nuestros cálculos era muy inferior a lo que esperábamos obtener. *Teniendo en la cabeza esa otra cifra, cometimos el error de no aceptar la propuesta recibida* y plantear la necesidad de dejar un tiempo adicional de medida de los ahorros para afinar el cálculo.

En un contexto en el que el cliente ya había implantado la mejora, obteniendo con ello el rendimiento económico asociado y no yendo a realizar nuevas modificaciones en su planta en bastante tiempo, no tenía más necesidad de nuestros servicios y le daba igual prolongar las negociaciones si así podía conseguir pagar menos. *Nuestra situación negociadora era débil y no lo supimos ver, llevados por la codicia de poder cobrar unas decenas de miles de euros adicionales.*

El tiempo pasó, la nueva negociación tuvo lugar y se volvió a plantear la misma disquisición sobre el modo de cálculo del importe. Habiendo pasado tanto tiempo desde el final del proyecto y teniendo una tesorería menos boyante tras haber invertido en equipos para otros proyectos, acabamos aceptando una cantidad inferior a la que nos ofrecieron en la reunión anterior, por la incapacidad de demostrar de manera irrefutable nuestros cálculos. Realmente no era posible hacerlo y nada debo reprochar al cliente por ello.

En ese momento comprendí que el error lo había cometido desde el inicio, pensando que podríamos hacer las medidas de los KPIs que fijaban el importe variable en un entorno aséptico, sin otras influencias externas. La ilusión por poder cobrar un incentivo variable de gran importe nos hizo centrarnos exclusivamente en cómo conseguir que el indicador mejorara lo máximo posible, plasmando solo ese factor en el contrato. De haber *reflexionado con más calma y de una manera más realista* habríamos comprendido la imposibilidad de aislar los impactos de las diferentes actuaciones que se realizan en la vida diaria de una planta de producción. *Una forma de medida más simple y a más corto plazo nos hubiera dado un resultado también interesante,* más fácilmente aceptable por las partes y no hubiera tensado la relación con el cliente, nuestra «gallina de los huevos de oro», que finalmente no nos volvió a encargar más trabajos en años posteriores.

Las armas defensivas: el león enamorado de la hija del labrador

Se había enamorado un león de la hija de un labrador y la pidió en matrimonio.

El labrador no quería dar su hija por el miedo que le inspiraba el león. Entonces ideó lo siguiente: como el león seguía insistiendo, le dijo que le parecía el mejor esposo posible para su hija, pero que debería cumplir una condición: arrancarse los dientes y cortarse sus uñas, porque eso era lo que tanto miedo daba a su hija.

El león aceptó los sacrificios porque la amaba con locura.

Una vez que el león cumplió lo solicitado, cuando volvió a presentarse ante el labrador ya sin sus armas, el labrador lo echó de su casa a golpes.

Moraleja: nunca te despojes de tus defensas,
pues serás vencido por los que antes te respetaban.

Cuando una empresa descubre algo novedoso, una tecnología/ producto/servicio novedoso o de alto valor añadido, lo convierte en sus armas defensivas (u ofensivas, dependiendo de la mayor o menor ambición o agresividad de la compañía).

La idea, el mínimo producto viable, la prueba de concepto o el piloto demostrador que haya desarrollado suponen ese valor añadido que los competidores o el público objetivo valoran.

Mientras dure esa ventaja competitiva, tendrá armas de negociación, propuestas a poner encima de la mesa con una serie de ventajas a su favor.

En el momento en el que la ventaja desaparece porque ya hay más empresas que lo sabrían reproducir, nuestra posición pierde fuerza y podemos llegar a vernos desplazados del mercado si la otra parte tiene más herramientas (volumen, proveedores con experiencia, acceso a los mercados, financiación, etc.), como le pasó al león con el labrador.

En un momento de la historia inicial de KeelWit y fruto de mis inquietudes personales y con el apoyo de otro ingeniero externo, concebimos una serie de ensayos, de magnitudes y de indicadores que podían llegar a definir de una manera más científica y rigurosa determinados argumentos comerciales de una familia de producto.

Sabiendo que los mismos podían dar una importante ventaja competitiva al fabricante que los aplicase para estructurar su gama de producto, acudimos a una marca puntera de dicho mercado.

El contacto vino propiciado por tener amigos comunes con uno de sus directivos (bendito *networking*), que organizó el encuentro.

Allí enseñamos «nuestros colmillos y nuestras garras», que impresionaron muy favorablemente a nuestros interlocutores, que rápidamente cerraron otra reunión en la que bajar al detalle de la posible cooperación.

Una de las primeras preguntas que se formularon era el grado de protección intelectual que ya tenían los sistemas de ensayo. Los elevados recursos necesarios para desarrollar, proteger y defender patentes en un campo tan competitivo estaban todavía fuera del alcance de nuestras posibilidades. Este era otro de los motivos de aliarnos con una empresa mucho mayor y ser copartícipes de los frutos de la patente.

Las reuniones se sucedían y en cada una de ellas el responsable de I+D de la otra empresa intentaba profundizar más y más en los detalles de cómo y con qué medios y laboratorios se debían llevar a cabo los ensayos. Sin embargo, su departamento jurídico no parecía avanzar en la aprobación de un documento final que recogiera los derechos y deberes de cada uno de los participantes y las consiguientes contraprestaciones económicas.

Viendo que estábamos mostrando demasiado el *know-how* específico de la metodología diseñada, planteé un ultimátum al avance de las reuniones, poniendo una fecha límite para firmar un acuerdo entre las partes y paralizando toda reunión hasta entonces.

En ese momento pareció desinflarse el interés de la otra empresa por este tema, cortando las comunicaciones con nosotros y dejando sin respuesta a los puntos mencionados.

Creo que en este caso supimos reaccionar a tiempo ante las lisonjas y «promesas de amor del labrador», parando la negociación antes de despojarnos de nuestras «garras y dientes» ante él.

La lección que aprendimos y posteriormente aplicamos en los casos en los que tuvo sentido hacerlo, fue la de *no poner*

encima de la mesa de otros actores de una industria nuevos desarro-
llos que podríamos llevar al mercado antes de tener atada la propie-
dad intelectual de los mismos. Esto nos obligó a ser más selectivos
a la hora de elegir los proyectos de I+D, eligiendo aquellos con
un plan de negocio más sólido, más maduro, antes de invertir
recursos en su protección intelectual por la dedicación de recursos necesaria para ello.

El resultado final de la historia fue que los ensayos cayeron
en el olvido porque encontramos otros mercados en los que
desarrollar nuestra actividad, pero dimos un gran salto de
madurez a la hora de saber jugar nuestras cartas y proteger
nuestro juego antes de abrirlo a los demás.

El empleado eficiente y el emprendedor: el ratón de campo y el ratón de ciudad

Un ratón de campo invitó a comer a su casa a un ratón amigo que vivía en la ciudad, escondido en los sótanos del palacio del rey. Viendo que solo podía ofrecerle granos de trigo, el ratón de ciudad le dijo:

—¿No te das cuenta de la vida tan simple que llevas? Yo tengo comida en abundancia. Ven conmigo y la compartiremos.

Allí el ratón de ciudad le enseñó cómo en la despensa había comida de todo tipo. El ratón de campo, maravillado, envidiaba a su amigo y se lamentaba de su propia mala suerte.

Cuando iban a comer, un hombre abrió de pronto la puerta. Aterrorizados, los dos ratones se escondieron en unos agujeros. Cuando el hombre se fue, volvieron a buscar la comida, pero otra persona entró y tuvieron que esconderse nuevamente. Entonces el ratón de campo, le dijo a su amigo:

—Puede que a veces comas en abundancia, pero a costa de estar siempre asustado. Prefiero mi vida humilde y alejada de la corte, pero sin tanto sobresalto.

Moraleja: hay quien prefiere una vida más sencilla, pero sin sobresaltos ni riesgos.

¡Con qué facilidad tendemos a olvidar las cosas malas si podemos presumir de las buenas!

Pasados unos años de vida de la empresa y tras haber ganado varios premios al emprendimiento, haber salido en prensa y televisión, mi sensación, como emprendedor, era que mi vida profesional era exitosa y que me sentía muy realizado en mi trabajo.

Sabiendo que la mayor parte del éxito se debía a la capacidad y esfuerzo de nuestro equipo de ingeniería, siempre intenté dar un justo reconocimiento a su dedicación.

Sabiendo que era práctica habitual en otras empresas, empecé a valorar la posibilidad de permitirles invertir en la empresa en condiciones muy ventajosas y con solo una cláusula de permanencia temporal en la misma.

En mi oferta había una sincera intención de mejorar su calidad de vida y darles la posibilidad de posicionarse de otra manera tanto en el terreno personal como en el profesional.

Cuando sondeé la posibilidad de que mi propuesta les pareciera algo interesante, me quedé muy sorprendido al ver que no les llamó la atención en absoluto. No solo no le vieron interés, sino que creo que llegaron a pensar que era una estrategia para no subirles el sueldo.

Hablándolo en profundidad, uno de ellos me explicó que, al estar en el día a día de la operación de la empresa, podían ver los múltiples dolores de cabeza, preocupaciones y sacrificios que conllevaba el ser empresario. La preocupación por el control de los flujos de caja, la obtención de los cobros o la generación de nuevos proyectos eran algo presente en mi cabeza, como una losa, todos los días de la semana y a todas horas, y eso no era lo que querían para ellos mismos.

La pequeña satisfacción de los premios a obtener o el aliciente de unos posibles resultados económicos importantes futuros no eran motivo suficiente para renunciar a su estilo de vida como empleados por cuenta ajena, razonablemente remunerados, siempre agradecidos y públicamente reconocidos.

Por tenerlo tan embebido en ese ADN de emprendedor que, como intraemprendedor inicialmente y como empresario después, me ha acompañado toda la vida, no ponía en la balanza en su justa medida algo que acompaña a todo empresario: el riesgo.

Al igual que el ratón de ciudad, solo me refería a mi vida desde la óptica de todo lo que podía llegar a tener a mi alcance, y olvidaba mencionar los riesgos inherentes al perfil de emprendedor.

Cuando posteriormente empecé a participar esporádicamente como ponente hablando sobre emprendimiento a gente de edades variadas en diferentes foros, no dejé nunca de poner muy claros los *aspectos negativos de la figura del emprendedor: el riesgo a perderlo todo y la resiliencia necesaria para afrontar los errores y las circunstancias negativas* que inevitablemente tienen lugar.

En otras conversaciones con otros colectivos verifiqué que muchos excelentes trabajadores, con una actitud muy profesional y generosa ante los retos y compromisos de su trabajo, se «arrugaban» ante la idea del riesgo potencial que podía suponer el salir de su zona de confort.

Como directivo y como emprendedor hay que ser sensible hacia los deseos más íntimos de tu equipo para saber diagnosticar quién quiere realmente arriesgar más a cambio de posibles promociones y recompensas y quién es más feliz haciendo de manera extraordinaria su trabajo ordinario. Ambos perfiles tienen cabida y mucho valor para el éxito de la empresa y es importante no generar falsas expectativas o presiones no deseadas a los perfiles que no vayan a responder adecuadamente a ese reto que se les pueda plantear. *No todo feliz ratón de campo desea vivir el vértigo de ser un ratón de ciudad, ni siquiera en las mismas despensas de un rey.*

El valor real del equipo humano: el asno que cargaba una imagen

Un día cogieron un asno para cargar una imagen de un santo y llevarla a una iglesia pasando por las calles de una ciudad. Por donde él pasaba, la multitud se postraba ante la imagen.

El asno, pensando que se postraban en respeto hacia él, se daba aires de grandeza y se paraba cada pocos pasos.

El que llevaba el asno, viendo que el animal no estaba haciendo su trabajo, lo empezó a apalear advirtiéndole:

—¡Para que aprendas que todavía no ha llegado el día en que los hombres adoren a los asnos!

Moraleja: no tomes como méritos propios lo que son méritos ajenos.

Cuando lideras un equipo de alto rendimiento y gran capacidad, los resultados que obtienes suelen ser destacables. Dichos resultados pueden encumbrar al equipo a una posición de liderazgo en alguna competencia concreta, en la que ha demostrado su capacidad.

Como líder del equipo y movilizador de su actividad, te sientes una parte importante del mismo y artífice en cierta medida de dichos logros. Por ello, a la hora de hablar con potenciales clientes, cuando hablas de tu empresa o de tu equipo, utilizas grandilocuentemente las expresiones «sabemos», «somos capaces» o «dominamos».

La expresión no deja de ser cierta y además tiene una componente importante de muestra de cohesión, de espíritu de equipo, que suele gustar al cliente con el que te entrevistas.

Sin embargo, en un momento de euforia también *puedes llegar, inadvertidamente, a hablar en un tono demasiado personal, sin poner en su justa medida el valor, conocimientos y capacidades del equipo que está detrás,* que realmente realiza el trabajo y que es en quien realmente se soportan los logros obtenidos.

Tras haber realizado exitosamente varios proyectos muy avanzados de aplicación de algoritmos a la optimización de diseños aerodinámicos, KeelWit comenzó a ser ponente habitual en congresos y seminarios vinculados a la simulación numérica y a la supercomputación.

En mi caso no era yo quien realizaba la farragosa tarea de cálculo, ni tan siquiera el modelado por ordenador de las figuras con las que trabajar. Tan solo me encargaba de entender las necesidades del cliente, convertirlas en cuadernos de especificaciones, convencerles de nuestra capacidad de llevarlas a cabo y cerrar las negociaciones en materia de plazos y precio.

Sin embargo, la confianza que me generaba el haber conseguido cerrar varios proyectos relevantes siguiendo esta dinámica, me hacía hablar con demasiado empaque sobre un mundo tan complejo como aquel.

Llegó, como era lógico, la ocasión en la que me llevé el varapalo de ser rectificado por el director general de un potencial cliente con el que discutía un proyecto, cuando respondí de manera claramente incorrecta a una de sus preguntas.

Acostumbrado a tratar con directores con un perfil técnico pero alejado de la realización de los cálculos por ordenador, como era el mío propio, asumí erróneamente que podía saber tanto o más que la persona que tenía enfrente. Aunque su perfil en redes sociales no lo dejaba entrever, había sido técnico de cálculo durante bastantes años y todavía supervisaba personalmente muchos de los problemas más complejos a los que se enfrentaban.

Me atribuí, con un acento demasiado personalista los méritos de mi socio y de nuestro equipo y tuve que rectificar, disculparme y pedirle auxilio para reencauzar la conversación con el cliente y volver a ganar su confianza en que seríamos capaces de ejecutar el proyecto con éxito.

Afortunadamente no llegó la sangre al río y la precisión impecable de Isaac, unida a su experiencia real en los cálculos, recondujeron las negociaciones y acabamos firmando el proyecto.

A partir de aquella ocasión comencé a presentarme de forma más abierta únicamente como gestor antes que como técnico de los proyectos, dejando que la admiración por el trabajo realizado se la llevara realmente el resto del equipo. De esa manera había menos riesgo de poder meterme en discusiones de las que no pudiera salir y, contrariamente, recibía elogios por conocer finalmente más de los pormenores de la técnica de lo que mi discurso inicial pudiera hacer pensar.

Las crisis: la cigarra y la hormiga

En pleno verano una hormiga andaba ocupada recogiendo los granos de trigo y cebada que encontraba por el suelo, guardándolos para alimentarse durante el invierno. La vio una cigarra y se reía de ella al verla trabajando en una época en la que el resto de los animales descansan. La hormiga no le hizo caso. Más tarde, cuando llegó el invierno y la cigarra no encontraba qué comer, fue a pedirle a la hormiga algo de comida. Entonces sí que le contestó la hormiga: «Mira cigarra, si hubieras trabajado cuando yo lo hacía en lugar de burlarte de mí, ahora no estarías muerta de hambre».

Moraleja: aunque las cosas te vayan bien en el trabajo, guarda reservas para cuando vengan momentos de crisis.

Hay determinados tipos de empresa que, por las característi-cas de su actividad, presentan ofertas para realizar proyectos de una envergadura relevante, pero también ofertas para pequeños proyectos de menor complejidad y volumen. Las ingenierías son un claro ejemplo de ellas.

La *tendencia natural en épocas de bonanza* (el verano para la cigarra) suele ser el centrar los esfuerzos en los proyectos que generan más facturación y margen, *dejando de lado las peticiones de trabajo de segundo o tercer nivel* (los pequeños granos de trigo y cebada de la fábula).

Hubo un momento en la trayectoria de KeelWit en el que firmamos contratos de ingeniería para el desarrollo de varios túneles de viento verticales para la práctica del *indoor skydiving*, que suponían una gran carga de trabajo y aseguraban el futuro a corto y medio plazo de la empresa.

En ese contexto, nuestros propios empleados miraban con desdén las iniciativas de menor relevancia que se nos iban presentando, fruto de mi propia actividad comercial.

En esta ocasión, mi tozudez al no querer dejar de dar respuesta a clientes que se interesaban en nuestra actividad en otras áreas hizo que *siguiéramos «distrayendo» horas-hombre a pequeña escala para sacar adelante otros proyectos menores.*

La inminencia con la que iba a ser implantada en España la necesidad de realizar un certificado energético para poder alquilar o vender una vivienda o local me hizo intuir que podía haber una pequeña oportunidad de obtener unos ingresos adicionales con poco esfuerzo. Por ello obtuvimos los programas de *software* necesarios para su confección y nos dimos de alta y lanzamos una campaña dándonos a conocer en este campo, incluso con la creación de un *microsite* sobre el tema.

¡Qué poco imaginábamos las complicaciones administrativas y burocráticas que paralelamente íbamos a encontrar en los proyectos de los túneles de viento verticales! Lo que representaba nuestra fuente fundamental de recursos veía cómo mes tras mes se dilataba el plazo para poder empezar las tareas de prospección de terreno y de construcción de las instalaciones. En alguno de los casos los permisos se dilataron por encima de los tres años. Eso supuso para nuestra empresa el «periodo de invierno» que cuenta la fábula.

Gracias a que habíamos generado ese stock de «pequeños granos de trigo y cebada» en forma de acuerdos con inmobiliarias para la emisión y registro de los certificados energéticos de sus clientes, *fuimos capaces de convertir esa actividad residual en más de un 15 % de nuestra facturación anual.*

La previsión que tuvimos de seguir generando y almacenando carga de trabajo, aunque no fuera de gran valor añadido ni volumen, fue fundamental para pasar ese invierno.

De hecho, el éxito que supuso el haber sabido gestionar la simultaneidad de los grandes proyectos con los pequeños proyectos nos animó a seguir haciéndolo y a saber aprovechar otras oportunidades que surgieron más adelante. Un claro ejemplo de ello fue la evolución desde los certificados energéticos de viviendas a las auditorías energéticas de empresas de un cierto volumen de facturación o número de empleados. Estas también comenzaron a ser obligatorias a partir de una fecha determinada. Esta actividad fue puntual para nosotros (las empresas las solicitaron en el último minuto para cumplir el plazo), pero también llegó a representar el 20 % de la facturación anual en otro de esos periodos de transición en los que tuvimos que aguardar a que factores externos, sobre los que nada podíamos influir, allanaran el camino para poder trabajar en otros proyectos.

*Ese espíritu de trabajo «de hormigas», unido a una fuerte conten-
ción de costes, permitieron capear la crisis* que supuso tener un
equipo de ingeniería dimensionado para proyectos de gran
complejidad y volumen que podían arrancar en cualquier
momento y siempre con plazos de ejecución muy apretados.
La alta cualificación y experiencia específica de los ingenieros hacía impensable (o al menos así lo consideré) el reducir
personal durante los meses de carga de trabajo irregular y de
menor cualificación, por la dificultad de reclutamiento pos-
terior a toda velocidad de técnicos con ese bagaje de conocimientos en el momento en que se obtuvieran los permisos de
obra pertinentes.

En esta ocasión no me equivoqué.

Las alianzas: el león y el asno ingenuo

Una vez un asno y un gran león se aliaron para cazar juntos y así compartir su premio tras la caza. Lógicamente el león utilizó sus poderosas garras y sus grandes dientes mientras que el asno solo pudo hacer lo que sabía, que era dar coces.

Cuando acabó la hora de la caza ambos animales se juntaron para compartir su premio. Fue entonces cuando el león demostró su posición de rey de la selva, imponiéndole su criterio al ingenuo burro:

—Querido amigo, todas las presas las vamos a repartir así: la primera me la quedaré yo por ser el rey de la selva, las siguientes presas también serán mías por ser tu socio y la última presa también será mía porque si te niegas, te perseguiré a ti como a las otras presas que conseguí.

Moraleja: piensa bien si te conviene unirte a compañeros de viaje mucho más poderosos que tú. Si lo haces, deja firmadas por escrito desde el inicio las condiciones del viaje en común.

El ecosistema emprendedor está lleno de actores de diferente tamaño que cumplen roles distintos porque tienen sus objetivos específicos.

Entre otros está la figura del *gigante tecnológico*, que tiene una capacidad económica inmensa para poder invertir, recursos internos de todo tipo que pueden acelerar e impulsar una buena idea y acceso directo a la puerta de potenciales clientes o proveedores.

Para una *start-up* que lucha por su supervivencia y que carece de todo ese soporte, el poder llegar a acuerdos con una empresa tan importante (el león), te hace olvidar el *riesgo que conlleva un balance de poder tan desequilibrado entre las partes.* Así, *aceptas acuerdos que desde tu posición no puedes forzar a que se cumplan* (con lo que te conviertes en el asno).

En mis últimas etapas al frente de nuestra *start-up*, el prestigio ganado por la misma y nuestra indudable capacidad técnica nos convirtieron en un socio interesante para empresas mucho mayores.

La posibilidad de ser absorbidos por una gran multinacional nos hacía fantasear con oportunidades de oro para poder sacar adelante iniciativas que permanecían en nuestros cajones por falta de recursos con las que acometerlas.

Las reuniones mantenidas para ir plasmando las condiciones de la absorción se sucedían a gran velocidad, permitiendo que fuéramos desgranando las ideas y proyectos futuros que debían ser nuestra aportación al acuerdo. La fusión se intuía inminente.

El trato con multinacionales ya nos había acostumbrado a una meticulosidad en la preparación de los acuerdos, a la farragosidad de su redacción y a la participación de múltiples departamentos en la aprobación de los documentos finales. Por ello no nos extrañó el lento ritmo que tomó la negociación al llegar a esta fase.

Deslumbrados por la oportunidad que se nos brindaba y habiendo acordado los proyectos que aportábamos al acuerdo, frenamos nuestra actividad comercial, concentrando nuestros esfuerzos en rematar los proyectos en curso, pero sin generar nueva cartera de proyectos.

El paso de los meses fue mermando nuestra liquidez hasta niveles preocupantes sin que hubiera avances significativos en la firma del acuerdo.

En ese momento «el león» desveló lo que probablemente era su visión real del acuerdo propuesto. La menor liquidez de la empresa había hecho variar a la baja su precio, la ausencia de contratos nuevos no les permitía monetizar la absorción a corto plazo, afectando al valor, y el *know-how* a aportar se encontraba fundamentalmente en los integrantes del equipo y no en la empresa. Creemos que el verdadero interés del comprador y por ello la oferta final recibida era realmente el integrarnos a todos como trabajadores de la multinacional, aportando nuestras ideas y conocimientos, pero sin necesidad de compartir beneficios por los proyectos a generar.

Efectivamente nuestro poder de negociación era muy limitado en esas circunstancias, con una tesorería mínima, una cartera menguada de nuevos proyectos y unos socios gastados por la negociación. Sin embargo, declinamos la propuesta y mantuvimos nuestra trayectoria en solitario. Esto constituyó el inicio de mi desvinculación de la *start-up* y los nuevos derroteros de la misma, ahora centrada en otro tipo de actividades.

Este episodio no quiere decir que el afán de las multinacionales que interaccionan en el ecosistema de *start-ups* sea la adquisición de ventajas competitivas a precio de saldo. Tampoco quiero negar el importante rol que juegan en él, puesto que son a menudo los catalizadores del surgimiento de iniciativas que de otro modo no hubieran llegado a materializarse.

La lección que aprendí de este episodio es que en acuerdos en los que existe una desproporción tan grande en tamaño y recursos entre los participantes, *para llegar a acuerdos finales hay que firmar previamente acuerdos preliminares* que condicionen la forma y contenido del acuerdo final futuro. Esto evita la aparición de posibles «agendas ocultas» en la negociación una vez que esta se encuentra muy avanzada.

Las *negociaciones también tienen que realizarse con unas fechas límite,* para evitar que «el asno» dedique unos recursos importantes para su tamaño a la negociación, mientras que para «el león» sea un tema de menor relevancia y los recursos involucrados sean despreciables para su tamaño.

La participación de numerosos departamentos en la negociación con una multinacional hace que se pueda desdibujar el sentido del acuerdo inicial que se pretendía lograr. Al irrumpir en el proceso personas que no han participado desde el origen en el mismo, provoca que se pueda perder en cierto modo el hilo de las negociaciones. Por ello *es imprescindible que existan documentos claros que orienten el fin último y condiciones generales de la negociación.*

Los personajes

Al ser humano le gusta simplificar las cosas para no tener que hacer un gran esfuerzo mental. Un ejemplo claro de esto es cómo tiende a simplificar las descripciones de personas, asignándoles símbolos o imágenes que fácilmente traigan a la cabeza una serie de características que deben llevar aparejadas.

Este es el proceso que se sigue en las fábulas, utilizando la figura de los diferentes animales para hacer referencia a actitudes o personalidades propias de las personas, que es la moraleja buscada.

En estas historias el proceso de selección del animal es acertado, pues incluso los niños, a quienes se dirigen fundamentalmente las fábulas, saben interpretar qué se quiere expresar con cada uno de los animales elegidos.

En el mundo empresarial real nos encontramos todo tipo de actitudes que fácilmente podemos encuadrar en estereotipos que correspondan a alguno de los animales usados en estas fábulas.

Solo por poner algunos ejemplos y por participar en las historias seleccionadas, destacaría a las siguientes:

- La hormiga, que suele aparejarse a personas trabajadoras, esforzadas y perseverantes. ¿Quién ha visto rendirse o pararse a descansar a una hormiga, con la que puedes jugar durante horas a ponerle obstáculos en su camino? Un ejemplo serían esos trabajadores incansables en los que puedes delegar funciones trabajosas pero que quizá no conlleven creatividad; son personas que tienen una fe ciega en que pueden lograr su objetivo y no paran hasta lograrlo. Son una figura muy útil para la empresa.

- El conejo, que representa a alguien rápido de reacciones, pero no especialmente brillante. A menudo los asociamos a perfiles como el de algunos comerciales o personas que improvisan y se adaptan rápidamente a los cambios, pero que se distraen fácilmente de su tarea, poniendo en peligro el objetivo a ellos encomendado.
- La rana, que suele ser la representación de un tipo de persona afable, bondadosa y crédula. Hay personas así, que se sienten cómodas en la parte relacional de su trabajo, se mueven mejor acompañadas y son apreciadas porque no generan tensión ni discuten los temas demasiado.
- El águila, que es el símbolo de las personas que tienen buena visión de las cosas, que anticipan lo que va a ocurrir, preparan su acción con calma y detalle y que actúan de manera contundente. Suelen destacar en las organizaciones, pero no necesariamente trabajan bien en equipo.
- El escorpión, que por su aspecto y su aguijón envenenado es la imagen de la persona peligrosa que intenta no destacar, que aguarda agazapada su oportunidad para vengar su pequeña rencilla personal, que suelta, en el momento en el que más daño puede hacer, su comentario venenoso y claramente malintencionado. Es el empleado, socio o jefe que no quisieras nunca tener, pero que inevitablemente casi siempre existe en las estructuras grandes.
- Del asno mejor no comentar nada, pues justa o injustamente es uno de los animales a los que se les asigna una inteligencia limitada y poca capacidad de razonamiento. Claramente es el prototipo de persona que no nos gustaría como compañero de viaje en nuestro departamento, por mucho peso que puedan cargar a sus espaldas.
- El léon se lleva el premio a la imagen del animal más poderoso, fiero y respetado. Se corresponde con esos

líderes que se admira, pero a los que a menudo también se teme. Su presencia abre puertas, sus rugidos imponen criterios, pero igualmente corresponde a un arquetipo de colaborador o jefe que trabaja sin contar demasiado con la opinión del resto del equipo, imponiendo «su ley» allá por donde va.

Seguramente ninguno de nosotros nos reconozcamos al cien por cien en ninguno de estos animales, porque la riqueza del ser humano es su capacidad para actuar de manera diferente, consciente o inconscientemente en cada ocasión. En cada circunstancia podemos decidir ser escorpión o rana o conejo.

A lo largo de treinta años de experiencia profesional he llegado a la conclusión de que *el mundo empresarial es como una gran arca de Noé en la que caben todo tipo de perfiles.* Algunos están en mayor proporción que otros y con algunos tienes afinidad natural mientras que otros te generan una repulsa inconsciente.

Espero que estas vivencias personales ilustren de alguna manera mis encuentros con varios de esos perfiles y que ayuden al lector a reconocerlos y a escuchar la sabiduría que hay detrás de las palabras que retratan los comportamientos que se les atribuye a sus figuras para abrazarlas o para huir de ellas.

Epílogo
Las habilidades del emprendedor/empresario

A lo largo de mi trayectoria por cuenta ajena fui ocupando puestos de dirección con cada vez mayor carga de responsabilidad.

Algunas de las personas que me conocen y siguieron mi evolución, en más de una ocasión me preguntaron por qué me esforzaba tanto en el trabajo sabiendo que la empresa no era mía. En la misma línea también me preguntaron bastantes veces por qué no me animaba a montar una empresa propia.

Finalmente me decidí a hacerlo, pensando que el bagaje profesional adquirido y que mis capacidades organizativas, de gestión y comerciales me servirían para tener éxito como emprendedor.

Al animarme a hacerlo descubrí cómo de necesaria era esa capacidad de trabajo para tener éxito como emprendedor, pero también descubrí que más importante aún era desarrollar la habilidad para tener liquidez siempre en tu negocio. Eso no lo tenía tan claro antes.

Cuando trabajas como directivo de una multinacional, la preocupación por tener los medios necesarios para acometer una inversión no suele ser tu principal preocupación. Los medios suelen estar siempre ahí. Tendrás que discutir los presupuestos y los planes de negocio hasta la saciedad con quien tenga la potestad de aprobarlos, pero si eres consistente y persuasivo, los conseguirás.

El trabajo como emprendedor supone un aprendizaje diferente, puesto que te revela rápidamente tus carencias y puntos flacos. Doy gracias a Dios por los ocho años que me mantuve al frente de una empresa propia porque tengo la convicción de que aprendí mucho más de lo que hubiera sacado en claro estudiando másteres de todo tipo durante ese tiempo en escuelas de negocio de renombre.

En ese periodo cooperé durante varios años con la Fundación Rafael del Pino en la divulgación de la figura del emprendedor y del empresario entre adolescentes de 16 a 18 años. El objetivo del Programa Inicia era acercar el mundo de la empresa y de los empresarios a miles de jóvenes, despertando en algunos de ellos la ilusión por iniciar un proyecto emprendedor, además de contribuir a mejorar la percepción de la actividad empresarial en la sociedad.

Creo que el participar en esas charlas divulgativas me permitió a mí mismo reflexionar sobre esos valores de compromiso, pasión, flexibilidad, iniciativa, perseverancia, creatividad, capacidad de comunicación, empatía o capacidad de aprendizaje que caracterizan al empresario. Todas ellas son inherentes al emprendedor, pero no exclusivas de él. *Yo me siento igualmente representado por las mismas, ahora que vuelvo a trabajar por cuenta ajena.* Y es que uno de los secretos para tener éxito como trabajador por cuenta ajena es sentirse intraemprendedor y pensar en la empresa como si fuera de uno mismo.

Lo que hice en ese periodo como emprendedor fue ejercitarlas, todas y cada una de ellas, siempre aderezadas por la aplicación, hasta donde me fue posible, del sentido común. Ese sentido común que parece tan simple de explicar que incluso se cuenta en forma de fábulas infantiles.

Muy probablemente se haga así porque la infancia es la época en la que nuestra capacidad de absorción es máxima y deberíamos haber sido capaces de interiorizar más rápida y fácilmente las enseñanzas que nuestros padres, tutores, profesores, familiares y amigos se esforzaron en inculcarnos.

Si en alguna de las facetas mencionadas fallé o sigo fallando, probablemente fue porque no leí con suficiente atención las fábulas de Esopo o de La Fontaine. *Esa es mi intención con este libro, permitir acercar nuevamente toda la sabiduría que rezuman estos cuentos al directivo o al emprendedor que busca con su trabajo diario seguir generando riqueza, puestos de trabajo y una actividad que aporte valor a la sociedad.*